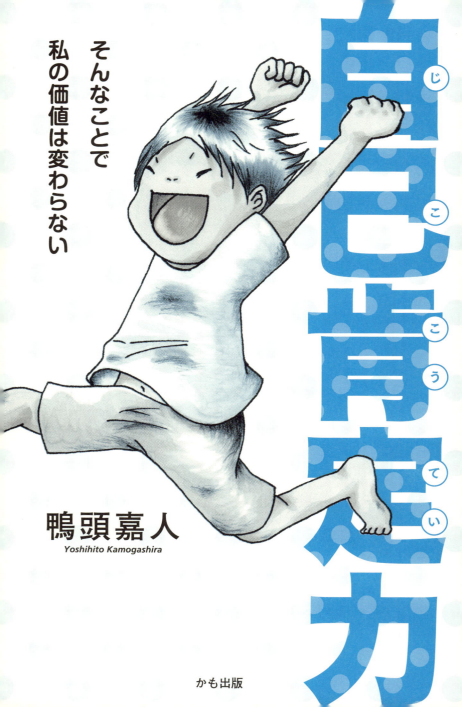

自己肯定力

そんなことで私の価値は変わらない

鴨頭嘉人
Yoshihito Kamogashira

かも出版

はじめに

僕は現在、講演家としてさまざまな企業・団体の方々を相手に、組織構築・人材育成・セールス獲得についての講演・研修を年間約330回実施させてもらっています。

日本中を飛び回り、その地で働く人たちと出会うことで逆に刺激をもらう日々なのですが、そんな僕に一番の学びをくれる「師匠」がいるのです。

その人は本当にすごい人で、
自己肯定力の達人として毎日を生きています。

僕の師匠は、この春に中学生になった男の子。

良いことばかりではなく、悪いこともします。
保育園に通っているころには、こんなことがありました。

食事の最中にいきなりテーブルに上がり、ズボンとパンツを脱いでダンスを始めたんです!

「こら！ 食事の最中にケツ出して踊ってんじゃないわよ!」

母親から一喝されてしまった師匠。

そのとき師匠は何と言ったか…。
母親の顔をじーっと見つめてこう言ったんです。

「母ちゃん、ありがとう」

なぜそんなことを言ったのか、僕はとっさに理解することができませんでした。

はじめに

僕はカミさんによく叱られます。
月曜日と木曜日はマンションのゴミ収集日で、ゴミ出しは僕の担当。
でもそれをよく忘れてしまうんです。

僕のカミさんは元マクドナルドの社員で、当時の仕事のやり方が体に染みついています。
家事も一つひとつきちんと片づけるタイプなので、チェックリストまで作っています。

「あんた、昨日もゴミ出し忘れたでしょ。今月3回目よ！」

って、怖い顔で注意されるんです。

そのとき僕は、

「ごめんなさい」

って言います。でも、心の中では、

「いつも働いて疲れてるんだし、たまにはいいだろう。お前だって忘れることがあるじゃないか」

と、イライラしてしまう日も正直あるんです。
でも、イライラをそのまま口に出してしまうと揉め事になってしまうから、戦略的に考えて
「ごめんなさい」と発しているんです。

では、師匠も、

「母ちゃんをこれ以上怒らせちゃまずい。ここは一つ機嫌を取っておこう」

と戦略的な思考から

はじめに

「母ちゃん、ありがとう」

って言ったんでしょうか。

きっと違いますよね。

人生の質は「心の持ち方」で決まります。

僕の「ごめんなさい」は上辺だけのセリフであって、そのときの僕はモヤモヤしたまま、ネガティブな感情を抱いていました。
つまり、ネガティブな人生を自分で選択して歩んでいたんです。

じゃあ、師匠は、

**「ポジティブな人生を歩むと決めたんだ！
心は一瞬でも曇らせてはいけないんだ！」**

と前向きにとらえて、

「母ちゃん、ありがとう」

って言ったんでしょうか。

さすがに保育園に通う子どもが、そんなことにまで考えが及ぶはずはありません。

師匠は瞬間的に感じ取っていたんです。

「母ちゃんは感情的になって怒鳴ったんじゃない。
自分に正しい行動を教えるために叱ってくれたんだ」

母親の言葉に「愛」を感じたからこそ、

「ごめんなさい」

ではなく、

はじめに

「母ちゃん、ありがとう」

って言ったんです。

そして僕は師匠に教わりました。

自己肯定力が高いということは、

「本質を受け取る力が高い」

ということを。

僕は師匠のことを「ハルヒト」と呼んでいます。
本名、鴨頭陽人。

そうです、僕の息子ですっ♪

師匠 ハルヒトが保育園に通っていたころに、もう一つ、こんなことがありました。

師匠が通う保育園には、高さがばらばらのイスがいくつか置いてあります。
背の高いイスもあれば低いイスもある。

男の子って面白いですよね。たくさんのイスを見ると、

「このイスは俺のだ！」

って、高いイスを取り合ってケンカを始めるんです。

でも、大人もやってますよね。
ビジネスマンは会社の中で高いポストを奪い合い、
政治家は票の取り合いをしています。

男ってきっと、戦うために生まれてきたんでしょう。

師匠が通う保育園も例外ではありません。
でもそんな中、**師匠は戦わない**そうです。

みんなが背の高いイスを奪い合っているのを黙って見ていて、最後に残った一番低いイスに、
ちょこんと座るそうです。

僕は師匠にたずねました。

**「みんな高いイスに座りたがってケンカまでするのに、
なんでいつも一番低いイスに座るの？
悔しくないの？」**

そしたら師匠はこう言いました。

「あのね、父ちゃん。
どのイスに座ったって、
僕の価値は変わらないから」

僕はこの言葉を絶対に忘れないようにしようって思いました。

はじめに

僕には**「背の高いイスに座りたい！」**
という対抗心があるからです。

周りの人に「すごいね！」って言われたい。
周りの人よりも、自分のほうが優れていることを示したい。

ずっとその対抗心を取り去ることができないでいるんです。

でもこれって、僕だけなんでしょうか。

人より収入が多くないと、
人よりも友達の数が多くないと、
自分のことを認めらない人
が多いのではないでしょうか。

でも、師匠は教えてくれました。

「あのね、父ちゃん。
どのイスに座ったって、
僕の価値は変わらないから」

たとえどんなイスに座ろうと、
たとえどんな家に住もうと、
たとえ友達の数が何人であろうと、

**そんなことで
私の価値は変わらない。**

本書では、師匠 ハルヒトが僕にくれた15の珠玉のプレゼントを紹介します。
あなたの考え方や人との接し方、生き方までも変える、人生を豊かにするヒントが、彼の言葉の中にたくさん詰まっているはずです。

CONTENTS

003　はじめに

宇宙一幸せな家族から学ぶ

020　衝撃…！　師匠 ハルヒトの【変化を楽しむ】心

035　子どもが真似したくなるような背中って？

050　おすすめ！　ポケモンGOで
　　　世界に幸せを増やす生き方

人生を豊かにする日常の気づき

066　必ず、良い人に出会える方法

084　師匠 ハルヒトから教わった
　　　【目標達成の奥義】を大公開!!

105　驚愕！　師匠が教えてくれた
　　　「日常で回す成長のPDCA」

117　人生とは…【○○を味わうこと】

生き方を学ぶお風呂タイム

- 128 自分が何のために生まれてきたのかわかる
- 138 息子に言われたひと言…
  「そんなの生きている意味ないじゃん…!!」
- 148 人の弱点は誰かの勇気になる

心と体を鍛えるスポーツ

- 164 人生において「負けを知る」こととは…
- 193 人生に勝つ人と負ける人との決定的な違いとは!?
- 216 ぼくの体育の過ごし方を変えたのは、
  ぼくだったんです。
- 225 成長する人と成長しない人の決定的な違い
- 232 交通事故に遭って…
  気づかせてもらったこと

- 250 おわりに

この本は、2013年7月6日から配信を開始した鴨頭嘉人の日常の気づきをシェアする、気づいちゃったメールマガジン「鴨め〜る」をベースに作成しています。

宇宙一幸せな家族から学ぶ

2016-05-09

ハルヒト 小学4年生

衝撃…！
師匠 ハルヒトの
【変化を楽しむ】心

鴨頭家にもこの春、
大きな変化が訪れました！

長女の
イチカ（一花）が、
中学生になったんです♪

お姉ちゃんは中学生になって、
体も心もどんどん大人になっていって、
わが家にも、今までになかった変化が起こるようになりました。

イチカから初めて
リクエストがありました！

「2段ベッドをバラしてほしい」

うちには子ども部屋が二つあって、
イチカの部屋と長男ハルヒト（陽人）の部屋がそれぞれあります。

イチカの部屋のほうが少し大きい造りになっているので、
イチカの部屋に2段ベッドがあります。
下がお姉ちゃんのイチカ、
上に弟のハルヒトで、
いつも寝るときは、二人一緒だったんです。

とにかくうちの子どもたちは仲が良くて、
暇さえあれば二人でよく遊んでいます。

例えば、
ハルヒトがお笑い芸人の真似をしたら、
イチカがそれを評価する♪

ときには承認したり…、
ときにはアドバイスを与えたり♪

何をしていても二人は一緒に行動して、
いつも笑い声の絶えない時間を過ごしています♪

仲が良いのは相変わらずですが…
さすがに中学生になったお姉ちゃんが、

「一人だけの部屋がほしい」

ということで2段ベッドをバラすことになったんです。

弟のハルヒトはお姉ちゃんが大好き!!

だから…
「もしかしたら
寂しがるんじゃないか…」

と、カミさんと僕は心配していました。
でも、

「我慢してもらうしかないよね」

って話し合っていました。

いよいよその日がやってきました…。

日曜日に２段ベッドをバラす作業をして、
それぞれ一つずつのベッドになりました。

長女のイチカの部屋はもともと窓が２面ある角部屋で明るいのです!!
しかも２段ベッドの上側がなくなったのですごく広くて明るくなったんです！

もともと広い部屋がより広く、さらに明るくなったので…

「超〜最高〜♪」

って喜んでました!!

けれどハルヒトの部屋は…
もともと小さかったのに、そこにベッドまで入ってきて、
ものすごく狭くなったんです…。

まるで、駅前のビジネスホテルのワンルームみたいに…

部屋に入ったらすぐベッド

みたいな感じになってしまいました…。

僕はハルヒトの部屋にベッドを運びながら、

「これは…可哀想だな〜」

ってだんだん心配が大きくなってきました。

大好きなお姉ちゃんと別々のベッドになるうえに、めちゃくちゃ部屋が狭くなった…。

休みの日には、

**「公園に行きたい！
できるだけ大きい公園がいい!!」**

いつも動くことが信条!!

とにかく活動的なハルヒトにとって部屋が狭くなるのって、

**「不満爆発しちゃわないかな〜」
「大丈夫かな〜」**

って心配していたんです。

その結果、どうなったか…!?

新しい狭い部屋に入ったハルヒトは…

ベッドの上でぴょんぴょん飛び跳ねて、

大喜び

していました!!

宇宙一幸せな家族から学ぶ

「えええ〜!?
部屋が狭くなったのに、何でそんなにうれしいの??」

って僕が聞いたら…

師匠 ハルヒトはこう言いました。

「だって父ちゃん!

こんなに天井が高くなったんだよ!!

前よりず〜っと天井が広い!!!」

2段ベッドを別々にすると
1段ベッドになって低くなる…。
そのことで天井が高くなったんです!!

部屋が狭くなった

も事実ですが、

天井が広くなった

も事実!!

どちらの事実を
【感じる】
かは、選択できる!!

そして、
師匠 ハルヒトはこう続けました…。

宇宙一幸せな家族から学ぶ

「俺さぁ〜♪
部屋が変わっただけでうれしいんだよね〜

やっぱり!!
変化っていいよね♪

変化サイコー!!!」

大人になると、変化を恐れたり…
安心・安全が一番…
今までどおりが居心地がいい…。

そんなふうに思いがちかもしれません…。

師匠 ハルヒトのように、

変化を楽しむ

その心があれば…

変化自体がサイコーな
出来事になる!!

最初僕が心配になったのは…

お姉ちゃんから、

「出て行け」

と言われたというストーリーを作り上げるんじゃないか…。

親としてそんなふうに思っていた…。
でも実際、彼が受け止めたのは…

宇宙一幸せな家族から学ぶ

自分の部屋にベッドが来た。
天井が高くなった。

変化をただそのまま受け止めた…。
変化をただそのまま受け止めると…

「新鮮でワクワクするものになる！」

そう気づかされました!!!

僕自身も大人になって、
仕事をしたり、社会貢献活動をするに当たって、
変化を自分で起こすときもあれば、自然と起きる場合もあります。

そのときにその変化に対して、

「リスクがあるな」とか、
「以前のほうがメリットがあったな」とか、

勝手に物語を作るんじゃなく、

変化をそのまま受け止める！

すると、変化は恐れるものではなく…

「新鮮でワクワクするものになる！」

って教わりました!!

宇宙一幸せな家族から学ぶ

きっとみなさんの中にも、
春になれば、いろんな変化が起きていると思いますが…

それ…
そのまま受け取ってみませんか??

変化は恐れるものではなく、楽しむもの!

僕はこれからも、

どんどん変化を受け入れていきます!!

2015-01-26

ハルヒト 小学2年生

子どもが真似したくなるような背中って？

師匠 ハルヒトは、小学2年生になって、情報収集がうまくなりました。
最近はインターネットでいろんな情報を集めるようになって、

検索の達人

になっています。

何かわからないことがあると、
「父ちゃん、○○をググって〜！」

と言ってきたりします（笑）。

そして、師匠が一番好きな情報源は…

YouTube

YouTube にはいろいろな流行のコンテンツがあって、最近師匠がハマっているのが、

「対義語を考えるゲーム」

なんです。
どんなゲームかというと、例えば、

「痛いの痛いの飛んでいけ」
の対義語は？

というふうに、
常識的には対義語が存在しない言葉について、
面白い対義語を考えるんです。

では、試しにやってみましょう!!

「痛いの痛いの飛んでいけ」

の対義語は何だと思いますか？

これが正解というのはありません。

ネットにアップされていたのは、

「何か痛いの飛んで来た！」

そう、くだらない作品のほうが評価高いみたいです(笑)。

「信じる者は救われる」
の対義語は、

「教祖に壺を買わされる」

だったり、

「世界に一つだけの花」
の対義語は、

「造花まみれ」

だったり、

「そうだ！　京都行こう！」
の対義語は、

子どもが真似したくなるような背中って？

「うわぁぁぁ、大阪が来た！」

という答えを考える楽しいゲームなんです（笑）。
師匠はそういうのを聞いてケラケラ笑っているんです。
小学生って、そういう意味がよくわからないのが面白い年ごろだったりしますよね。

ですが、子どもの好奇心ってものすごいものがあって、**ときどきあっと驚く質問**をされるんです。

宇宙一幸せな家族から学ぶ

例えば、

「挨拶の対義語は？」

と聞かれるんです。

何て答えますか？
すぐに出てこないですよね…。

「挨拶しない」

だと対義語としてはレベルが低いな〜。

「無視する」

かな？　とか。

「繋がりたくないという心の現れ」

かな？　とか、
けっこう深い答えになっていくんです。

レストランに行ったら、

「メニューの反対は？」

って聞かれます。

「え〜？　メニューの対義語〜!?」

っていうふうにすごい頭の運動になります。

そんな対義語にまつわる、
カミさんと師匠の会話が
すごかったので紹介します!!

宇宙一幸せな家族から学ぶ

師匠がカミさんに聞くんです。

「母ちゃん、
ハルヒトの対義語は？」

カミさんは困って、

「え～‼
ハルヒトの対義語って何だろう～??」

となって…
苦しまぎれに、

「じゃあ、ハルヒトに聞くね。
母ちゃんの対義語は？」

って返したんです。

ずるいやり方ですね (笑)。
答えられないから、相手に聞いちゃうっていう (笑)。

ところが、さすが！

師匠のハルヒトは、
間髪をいれずに答えてしまったんです!!

宇宙一幸せな家族から学ぶ

「ありがとうを言わない」

僕は、それを聞いたときに、

「何じゃそれは!?」

って思いました。意味わかりますか？

母ちゃんの対義語が…
「ありがとうを言わない」

少しして、衝撃が走りました…!!

師匠は1日も
「ありがとう」って言わない
日はないんです。

子どもが真似したくなるような背中って？

何十回も言ってます。

師匠が何かをこぼしてしまい、拭いてあげたとき…。
ごはんを食べるとき…。
玄関のドアを開けてあげたとき…。

必ず「ありがとう」を言ってます‼

でも、そんな師匠は、1回も、

「ありがとうって言いなさい」

って言われたことはありません。
師匠にとって、

「ありがとう」

を言うこと自体が…　**【習慣】**になっているんです。

宇宙一幸せな家族から学ぶ

例えば、姉弟ゲンカの最中。
師匠 ハルヒトがバーンと蹴られて、
お姉ちゃんのイチカが加減を誤ったものだから、強く当たっちゃったとき…。

もし、師匠が本気で怒って、

「痛い!!　何でそんなことすんの！」

と大きな声を出したら、
隣にいる僕たち（お父さんとお母さん）に聞こえるので、姉のイチカは、

「ヤバい！」

と思うんですね。

「とんがりコーン食べる？」

みたいな、取ってつけたような見え透いたフォローをするんです（笑）。

すると、師匠はというと…

「ありがとう！」

って言っちゃうんです。
顔は怒っています。でも、

これはもう
条件反射なんです（笑）。

それくらい、師匠はありがとう体質になってるんです。

僕はそんな師匠を本当に、
「すごいなぁ」
ってずっと思ってたんです。

だから、師匠って呼んでるし、この人みたいになりたいって思っていました。

でも、
それは間違っていました。

うちのカミさんだったんです。

師匠 ハルヒトのもとは。

だって、
お母さんの対義語は、

「ありがとうを言わない人」

僕は何て浅はかだったんだって思いました。

全部、うちのカミさんだったんです。

どんなときでも

「ありがとう」

と口にして、

子どもが真似したくなる
背中を見せていたのは!!

僕は師匠を、そして
宇宙一のカミさんを心から尊敬しています！！

2016-08-01
ハルヒト 小学4年生

おすすめ！ポケモンGOで世界に幸せを増やす生き方

ポケモン GO(ゴー)。

すごいですね〜!!

公園や…
駅や…
繁華街…。

人だかりができてます!!

しかも、今回どハマりしてるのって子どもたちではなく…

スマホを持った大人!!
大学生や社会人なんです!!

そう、小学生のときにどっぷりポケモンにハマった世代なんですね〜♪

鴨頭家でも、
子どもたちよりハマってるのは…

宇宙一のカミさん、
明子さんです♪

宇宙一幸せな家族から学ぶ

宮城県石巻市の実家にいる妹とも張り合って、
ポケモンゲットしてます!!

そんな中で…

マクドナルドが ポケモン GO のジム

になりました!!

ジムとは…

自分が集めたポケモンと
他の人のポケモンがバトルできる場所のことです♪

土日になると…
マクドナルドの客席では、
ポケモンバトルが繰り広げられてます!!

先日、うちのカミさんも、
マクドナルドでバトルしてました！

そのとき…

師匠 ハルヒトから

またしても、
生き方を考えさせられる発言
が飛び出したんです!!

宇宙一幸せな家族から学ぶ

それは…カミさんがスマホを取り出して、
マクドナルドでポケモンバトルをスタートしようとしたタイミングでした！

師匠 ハルヒトがカミさんに
こんな質問をしました。

**「ね〜母ちゃん。
ポケモンバトルして母ちゃんが勝つと
すごくうれしくなったり、
負けるとすごくつらくなったりするの?」**

質問の意味はわかりますが…
その意図がわからない質問でした。

カミさんは答えました。

「ううん。
勝ってもすごいワケじゃないし…
負けても困ったりしないよ」

すると、師匠 ハルヒトはホッとしたように
こう発言したんです!!

「そっかぁ!
じゃあ母ちゃんは…

バトルで負けたほうがいい
ね!!

だって…

母ちゃんが負けたら喜ぶ人が増えるじゃん!!

だから…

どんどんバトルしてどんどん負けなよ!!

そうしたら、
うれしい気持ちが増えるよ!!」

【バトル】という勝負事において…

「喜びが増える選択がある」

そんな考え方を教えてくれました‼

私たちはついつい…

勝負の場面になると条件反射で、

「勝ち」

を意識してしまいます。

ときには、相手を負かして勝利したにもかかわらず…

何も得ることなく、失うことすらあります…。
例えば、ビジネスの世界では、

「勝ち」

を意識するあまり、
ライバルを徹底的に打ち負かし、
不幸な人を生み出しているシーンもあるのではないでしょうか!?

現代社会は資本主義社会なので…
勝ってはいけないワケではありません。

戦わない生き方が全てとも言えないと思っています。

「母ちゃんが勝つとすごくうれしくなった

り、負けるとすごくつらくなったりするの?」

そうです‼

勝つことに意味を見出せる場面では、

【勝つべき】

そう考えています‼
師匠 ハルヒトは
卓球でも運動会のリレーでも、

めちゃくちゃ

「勝ち」

にこだわります‼

宇宙一幸せな家族から学ぶ

それは…

「自分の喜び」

そして…

「仲間の喜び」

につながっているから!!

でも、だからといってどんなシーンでも

「勝負」

に縛られたりせず、
冷静に俯瞰して目的を確認しているんです!!

僕は…
【勝ち負けにこだわる】

もしくは…

【逃げる】

どちらか二つの選択肢しか知らずに生きてきました…。

人生には、

勝ち負けにこだわる

場面もあるが…

負けることに価値がある

場面もある!!

その判断基準は…

【幸せの量】

「世界に幸せが増えることを選択して生きる」

新しい人生観を教えてくれた、
師匠 ハルヒトに感謝してます!!

世界に幸せを増やす生き方

目指します!!

人生を
豊かにする
日常の気づき

2013-09-30

ハルヒト 小学1年生

必ず、良い人に出会える方法

僕は講演家として独立してから8年間、
自己概念（セルフイメージ）を肯定的に高める行動を、
習慣化できるまでたくさんやってきました。

そのおかげもあって、

僕の**セルフイメージ**は
どんどん肯定的なものになってます!!

僕の人生を変えた

習慣化のアクション

のことを、

「ポジティブアンカー」

と言います。

自己概念（セルフイメージ）を高めるためには、
単なるお勉強、つまり本を読んだり、
セミナーに参加しているだけじゃ足りないな、
って思ってるからなんです。

セミナーや本の情報はあくまできっかけに過ぎない。
ほとんどの人は時間が経って日常に戻ると…
前の自分に戻っちゃう…。

でも、それはサボっているのでもなく…
ヤル気がないのでもないと思う。

人生を豊かにする日常の気づき

ときどき味わう刺激だけでは、なかなか変われない

それが人間だと思うんです。

だから僕は意図的に、

「今日も最高の人生になる」

って思える、暗示のような行動をたくさんやり続けて、
習慣にしてきました。

そんな、
ポジティブアンカー
の一つに、

「靴磨き」

があります。
これは、靴が汚れているからきれいにするというだけではなく、

「今日も良い人に会わせてくれて
ありがとうございます」

ってつぶやきながら磨くのがポイントです。
かれこれもう、2年半以上やっています。

ある日、
僕がいつものように靴磨きをやっていると…

師匠のハルヒトがトコトコ〜ってやってきてこう言いました。

「父ちゃんって靴磨き好きだよね〜」

僕は、

「うん、好きだよ〜。大好き」

って答えたのですが、そしたら、

「何でそんなに靴磨きすんの〜？」

って聞いてきたんです。

師匠は最近、何で何でマンなので（笑）
気になったんだと思います。

そして僕は、
「何で？」って聞かれたら、

『本当に思ってることを答えよう』

って決めているので、

「靴を磨くと良い人に会えるからだよ〜」

人生を豊かにする日常の気づき

って真剣に答えたんです。
そしたら、なんと師匠は、

「そんなワケないじゃん！！」

って答えたんです。

こういう否定的な言葉を言うようになったんだなぁ、
と、師匠の成長をしみじみと感じました。
いろんな子と会ったり遊んだりする中で、
受け取る情報が増えていきます。

そして、その情報は必ずしもいいことばかりではありません。

今まで使わなかった否定的な言葉も、
きっとどこかで学んできたんだと思います。

「父ちゃんは、靴を心を込めて磨くと

良い人に会える。

そう信じてるからやってるんだよ〜」

って答えたんです。

彼のことを否定するでもなく、
自分の考えをそのまま伝えました。

すると、
師匠がこう言ったんです。

人生を豊かにする日常の気づき

「あ、そっかぁ！
靴がピカピカだと、店員さんとかお客さんも喜ぶね。
だから、みんな良い人になるんだね。
だから、靴磨きをすると良い人に会えるんだね〜」

僕は最初、

「何言ってるんだろう」

って、一瞬ワケがわかりませんでした…。

でも、しばらくして、
ピーンときました!!

彼が言いたかったことは
こういうことだったんです。

まず、いきなり、
「店員さんやお客さん」という言葉が出たのは、

僕がいつも※ハッピーマイレージのカードを配って、

「本当に素晴らしい仕事をしてるね」

って、店員さんを承認していることを知っているから
なんです。

※サービス業で働くサービスパーソンに、1枚の赤いカードで「ありがとう」を伝える活動。

だから、師匠にとって、

【僕が人に会う】

っていうのは、店員さんに会って、

【承認する】

っていうことなんです。

そして、
店員さんが喜ぶ。

すると…

店員さんは
次に出会ったお客さんに通常よりもいい笑顔で接客をするので、

お客さんが喜ぶ！

すると…

「みんなが笑顔で
良い人になる」

っていうことなんです。

つまり、
父ちゃんが靴を磨くと、

【良い人が増える】

だから、巡り巡って…

【良い人に出会える】

っていうことを言ったんです!!

この意味がわかって
衝撃を受けました!!

正直に言うと、

「靴を磨くと
良い人に会えるからだよ〜」

そう僕が言っていたのは、違う意味でした。
僕は、
世の中には良い人もいるし、良くない人もいるけど…

靴を磨くと
良い人に出会えそうっていう期待値のことを言っていたんです。

だから、彼の言葉を聞いて…

「僕は浅かったかもしれない…」

って気づかされました。

良い人に出会うのではなく…
自分が良い状態、自分が良い人間になることで…
出会った人が良い状態、良い人間に変わっていって…

それが次々に伝わっていくので…

結局、

良い人にしか出会えない。

ハッピーマイレージ

が創ろうとしている世界を…
実は本当にわかっていたのは

師匠なんじゃないかって反省したんです。

僕は、
ハッピーマイレージ
を通じて、

相手を承認することによって、
「その人が良い状態になる」
っていうことだけじゃなくて…

必ず、良い人に出会える方法

その人が次のお客さんを接客するとき、
もっと笑顔が出るようになって…
さらに次の人も良くなって…

世界がどんどん変わっていく!!

人生を豊かにする日常の気づき

そして、店員さんを承認した自分も
気分が良くなる世界を作りたい!!

そのためにこの命を使う!

そう決意しました!!

だからこそ、
師匠の言葉を聞いてから…

靴磨き

をしているときは、

「良い人に出会おう」

ではなく、

「これでまた自分が
良い状態になって、
世界が変わるんだ！」

って思うようになりました。

世界を変えるっていうのは
他人を変えることじゃなくて…

自分が
ピカピカで生きること

なんだなぁって
思えるようになりました!!

師匠には本当にたくさん学ばせてもらってます!!

2014-08-18

ハルヒト 小学2年生

師匠 ハルヒトから教わった【目標達成の奥義】を大公開!!

このお盆はカミさんの実家、
宮城県石巻市に家族で帰省していました！

大自然の中で子どもたちは夏休みを満喫♪

さて、夏休みといえば…

「宿題」

師匠 ハルヒトは、

宿題をどれだけ先延ばしにするか…
なかなかこだわりがあるタイプなんですっ（笑）。

うちのカミさんに、

「宿題やりなさい」

って言われると、

「うん」

って素直に答えるんですが…
そこからが長い道のりなんです（笑）。

例えば、漢字の書き取りの宿題。

1文字目の漢字を書くまでに、15分くらいはグダグダとします。

机の上にノートを広げ、鉛筆を出したまま、
イスの上で逆立ちをしたり…

ノートを後ろから読むとどういうふうに見えるかを試したり…

扇風機をどれだけ至近距離から当てると涼しいかの実験などを繰り返しているんです（笑）

でも、
うちのカミさんは宇宙一いけているので
そんなコトに負けません!!

ず〜っとその間、

「宿題やろうね」

って言い続けているので、
師匠はとうとう観念してやり始めるんです。

でも、宿題が嫌いなことに変わりはないので…
毎日そんなグダグダな攻防が繰り広げられます（笑）。

そんな宿題嫌いの師匠…。
果たして夏休みの間に宿題は終わるんだろうか？

みなさんは、夏休みの宿題は

人生を豊かにする日常の気づき

いつやってましたか？

僕自身の経験を振り返ってみると…
夏休みの宿題は８月27日にスタート。
最後の３日間が勝負!!
それが僕のスタイルでした（笑）。

だから、
きっと僕の子どもで宿題嫌いの師匠…

ハルヒトも、ギリギリっ子なんだろうな〜、
って予想してました。

ところが…

７月中に宿題がほぼ全部終わってるんです!!

いったい何が起きたのか!?
調査したところ…

その師匠の取り組みには、

目標達成の奥義

がしっかりと詰まっていたんです!!

人生を豊かにする日常の気づき

師匠の学校では
夏休みに立てる目標のことを

【めあて】

と言います。

この
「夏休みのめあて」

は3項目あるんです。

その3項目とは、
「生活」「仕事」「学習」の三つ。

師匠の場合、

生活のめあては、
「早寝早起き」

仕事のめあては、
「洗濯物をたたんで引き出しに入れる」

そして、学習のめあては…
「夏休みのドリルを3ページする」

人生を豊かにする日常の気づき

師匠はこの夏休み、どんな生活をしてるかっていうと…

毎日朝の６時に起きて！
洗濯物をたたんで、引き出しに入れて！
夏休みのドリルを３ページやって！

7時には大好きな太鼓の達人のゲームをやっています♪

つまり…

毎日【目標達成】 しているんです!!

僕は、この目標達成の秘訣を知りたくて…
カミさんに聞くと、こんなことを教えてくれました。

夏休み前日の夜、

ハルヒトは早寝しようと布団に入ったんですが、なかなか眠れなかったそうです。

「母ちゃん、どうしよう。俺眠れないよ」

って何回も何回も言っていたそうです…。

実は師匠は、
夏休みの前日だから、ウキウキして眠れなかったんです。

でも、
目標は早寝早起き。
だから、どうしても寝たい…。

そんな葛藤の中、眠りについたそうです。
僕はこの話を聞いて、次の疑問が湧いたんです。

「どうしてそこまで目標達成への

こだわりが生まれるんだ!?」

目標達成のこだわりを持つ秘訣が解明されれば…

どれだけ仕事で収入を上げられるか!!

どれだけ人間関係を円滑にすることができるか!!

どれだけ夢を実現できる人生を歩めるか!!

全て、
【目標達成へのこだわり】が違いを生み出してる

と思ったからです!!

早速、師匠に直接インタビューしてみることにしました。

「ハルは、めあてを毎日
ちゃんとやってて偉いね〜!

でね、教えてほしいことがあるんだ。

何でハルは、
めあてを毎日やろうとしてるの?」

そう聞いたとき、
師匠は間髪をいれずに、当たり前のように答えました。

「だって俺、母ちゃんに約束したしね。
そして自分にも約束したからね。

人生を豊かにする日常の気づき

約束したのにやらないとカッコ悪いじゃん」

毎日当たり前のように
目標達成している師匠 ハルヒトは…

目標達成そのものに
こだわっているのではありませんでした。

彼は、
約束を守る
という…

「生活の筋道」

を守っていたんです。

この【めあて】、目標達成したからといって、

特別褒められるようなものではありません。
おこづかいがもらえる仕組みになっているワケではありません。

実行できたらカレンダーに色を塗るだけです。
しかも、そのカレンダーに色を塗るのは自分です。
つまり、
誰かが評価してくれるワケでも…
誰かがご褒美をくれるワケでもありません!!

インセンティブ表彰や給料といったご褒美を得るためではなく…

約束を守る

という

「生活の筋道」

を守るためにやっていたんです!!

これぞ!

自立した大人の
目標達成の奥義!!

全ての大人が学ばなければならない、
生き方だと感じました!!

多くの会社が同じ悩みを持っています。

「社員がなかなか目標達成してくれない」

会社では社員が目標達成をするためにさまざまなアイデアを考えますが、
ほとんど同じような対策に落ち着きます…。

それが、報酬制度の変更です。
報酬制度をどういうふうに工夫したら社員が目標達成するか!?
そのことばかりを考えます。
報酬制度を販売する専門業者から、
高いコストをかけて買っている会社もあるくらい…。

でも、根本は解決できません。
残念ながら、ポイントがズレているんです。

目標達成させるために、報酬というニンジンをぶら下げたくらいでは人は変わりません…。

もっと根本的な、本質的な問題だったんです…。

人との約束を守る

という、

「生活の筋道を守る」

こんな人を育てることが、
目標達成の奥義！

言い換えると…

「人として大切なことは何ぞや」

ということを教育するほうが、
よっぽど目標達成率が高まる!!

報酬制度という
「ニンジン作り」より時間はかかるでしょう…。
でも、
本質的な問題解決であり、人間教育なんです!!

後で、
カミさんに聞いてみました。

「何でハルは、
あんなにめあてをちゃんとやってるの?」

即答でした。

「ああ…めあては全部、
自分で決めてるからね」

なるほど!
参りました!!

つまり、
先生にやりなさいと言われたことや、
お母さんに言われたことではなく、

【自分で決めたこと】

を先生と、お母さんに約束した。

つまり、

【自分で決めたこと】

を他人と約束し、
それが自分の約束になってるんです。

だからこそ、
彼は約束を破るのはカッコ悪いと自分で定義づけて、
こだわりを持って…

やりたくないことでも朝一番、最初に実行している。

こだわりの行動ができてるんだと思いました。

師匠 ハルヒトから教わった
目標達成の奥義

まとめると…

《奥義一つ目》
自分で約束事を作る！

《奥義二つ目》
人に言いふらす！

《奥義三つ目》
目標達成のための行動は、朝一番に行う！

この三つの
原理原則を守ることが、

目標達成の奥義

よっしゃ〜!!
僕も取り入れていきます!!

2014-06-09
ハルヒト 小学2年生

驚愕！
師匠が教えてくれた
「日常で回す成長の
PDCA」

師匠 ハルヒトは、小学2年生になりました。

毎日楽しそうに…
そしてときどき、
ものすごく嫌そうな顔をしながら学校に通っています
(笑)。

ある日、僕が家に帰ったら、
冷蔵庫にプリントが貼ってありました。

「学級便り」

という、
子どもたちが普段、どんなことに取り組んでいるかを
家族に教えてくれる、
学校の先生が作っているプリントです。

その学級便りの中に、
「学校体験」
っていう行事の記事がありました。

「学校体験」とは、
入学したばかりの1年生を、2年生が手を引いて、学校のいろんなところを案内する、
っていう行事なんです。

これは、
1年生のためでもあるし、
2年生の教育にもなる素晴らしいイベント‼

「学級便り」には、
実際に学校を案内した後の
2年生たちの感想が載っていたんです。

「1年生といっしょに学校体けんをしました。
校長先生のしゃしんを見せてあげて、
校長先生のイスにすわらせてあげました。
たのしそうでした」

「学校体けんをしました。
いちばん心にのこったのは、1年生と、教室をま

わったあと、
外でうんていをしてあそんだことです。
たのしかったです」

「学校体けんをしました。
心のふれあいそうだん室のぬいぐるみも
さわらせてあげました」

ストレートで混じりっけのないコメントが
たくさん載っていました。

僕はこれを読んで、

「あったことをそのまま伝える」

っていう純度の高さに感心して、
小学生の紡ぐ言葉にあたたかさを感じていました。

ただ…
お便りの中に

一人だけちょっと違う…

気になるコメントを
書いている子がいました。

ひと言で言うと…

人生を豊かにする日常の気づき

「これ、ホントに小学 2 年生の言葉なのか !?」

そんな驚きを感じる感想でした !!

学校体けんをしました。
一年生と手をつなぎました。
思いどおりにいかなくて、むずしかったです。

ぼくも1年生のころは、こんなだったのかなぁ
と思い出しました。

そのとき手をつないでくれた
今の3年生に今すぐあやまりたいです。

ぼくももっともっとせいちょうして、
1年生にいろんなことをおしえてあげられる人に
なります。

鴨頭 陽人

僕はこの感想を
分析してみたんです。

まず、
相手の立場で考える

という視点を持っている。

そのときに起きた状態を伝えるだけでもなく…
「たのしかったです」という自分の感想だけで終わらず、考察をしている…。

そして、
内省
した後に、自分がどうなりたいかということを

推考
して、アクション・決断してるんです。

学校体けんをしました。1年生と手をつなぎました。
【↑事実】

思いどおりにいかなくて、むずしかったです。
【↑感想】

ぼくも1年生のころは、こんなだったのかなぁと思い出しました。
【↑内省】

そのとき手をつないでくれた今の3年生に今すぐあやまりたいです。
【↑推考】

ぼくももっともっとせいちょうして、1年生にいろんなことをおしえてあげられる人になります。
【↑アクションプラン】

人生を豊かにする日常の気づき

これはまさに…
自分磨きのサイクル

そのものだって思いました。

果たして自分は、
いつもこんなふうにちゃんと
生きているのか…。

僕に内省が起きました。

もしかしたら僕は、
誰かに何かを手伝ってあげて、
「俺、役に立ったな」
とか…

セミナーやイベントに参加したときに…
「面白かったな」
とか…

【事実】と【感想】

それだけで終わらせていたんじゃないかな、って思ったんです。

師匠のように、
深掘りして内省して、

自分はどうしたいかっていうことを
推考して、

そして今後どういう
アクションを取るかを考える。

師匠が教えてくれた、

「日常で回す成長の PDCA」

この日常の成長サイクルで生きていると…
いつまでも成長し続けることができる!!

「日常で回す成長のPDCA」

真似させてもらいます!!

やっぱりハルヒトは僕の師匠で、
僕を育てるためにこの世に舞い降りたんだなぁって、
あらためて思った出来事でした。

もっともっと影響を受けていきますっ!

2017-07-24
ハルヒト 小学5年生

人生とは…
【○○を味わう
こと】

夏バテ、してませんか!?

僕は仕事柄、出張が多いので、
新幹線に乗るまでは…
【めちゃくちゃ暑い】

そして新幹線に乗ると…
【めちゃくちゃ寒い】

新幹線を降りると…

人生を豊かにする日常の気づき

【めちゃくちゃ暑い】

さらに講演中は…
【劇的に熱い!!】
※これは自家発電なので自分の問題ですが（笑）。

そして、また…
めちゃくちゃ暑い中を新幹線まで移動して、
新幹線の中でブルブル凍えて帰ります。
1日に…

【めちゃくちゃ暑い】
【めちゃくちゃ寒い】

繰り返してます!!

なので、夏の体調管理は、
至上命題なんです！

人生とは…【○○を味わうこと】

みなさんは、
「夏の乗り越え方」
どうしていますか!?

師匠 ハルヒトはめちゃくちゃ暑がりです！
なのでわが家は夏になると…

冷凍庫に**ガリガリ君**が大量にストックされます（笑）。

夜、寝るときには、ハルヒトの寝室で
扇風機が「強風」で働いてます♪
そんな師匠 ハルヒトに、

人生を豊かにする日常の気づき

「夏の乗り越え方」

を一つご教授していただこうと
質問してみることにしました‼

「夏ってめちゃくちゃ暑いじゃん！
でさ〜、教えてほしいんだけど…
夏の効果的な乗り越え方って、どうすればいいと思う⁉」

「はぁー⁉
何で乗り越えなきゃいけないの」

「…‼‼????」

僕は言っている意味がわかりませんでした…

人生とは…【○○を味わうこと】

「え!?
じゃあ、どうすればいいの??」

「そりゃ〜
夏を感じて過ごしたほうがい
いでしょ。
だって、今しか味わえないん
だから」

人生を豊かにする日常の気づき

めちゃくちゃ暑がりなハルヒトから
そんな答えが返ってくるとは…!!

でも…
確かに言われてみれば…

夏は、
【期間限定】

私たち日本人は…
その【期間限定】を味わうことを

「一期一会」と言ったり…
「風流」と呼んできた…。

それを 【味わわない】

ということは…

日本を味わえない

というコト‼
あらためて気づかされました‼

そして、もっと深く突き詰めれば…

【人生は期間限定】

仮に永遠の命が与えられたら…
私たちは今のように、

「この命を
何のために使おう!?」

そんなふうに命を燃やそうとは

人生を豊かにする日常の気づき

思いもしないのかもしれない…。

そう思うと、人生とは…

【期間限定を味わうこと】

またしても、師匠 ハルヒトに
人生で大切なことを教えていただきました‼

「ハルヒト‼　ありがとう♡
父ちゃん大切なコトに
また気づかせてもらったわ〜‼」

そう伝えると、
師匠 ハルヒトから、
さらなるありがたいお言葉が…‼

「しかもさ〜。
冬になったら、寒いの嫌だから早く暖か

くなってほしい。
そして夏になったら涼しくなってほしいって。
ワガママ言うんでしょ…。

それじゃ一生、
幸せに生きられないよ。

だって、幸せって、今この瞬間しか味わえないんだからさ〜」

し…し…
師匠〜〜〜〜〜っ!!!!!

一生ついて行きますー!!

みなさんは今…
幸せですか??

生き方を学ぶ
お風呂タイム

2015-05-25

ハルヒト 小学3年生

自分が何のために生まれてきたのかわかる

師匠 ハルヒトとお風呂に入っていると、
なぜだかいつも…

人生・命・幸せの法則
などなど、深い話になっちゃいます♪

そして、いつも、
「8歳の師匠から教わること」
ばかりなんです!!

先日は、こんな話題でした。

「自分は何のために生まれてきたのか？」

お風呂タイム素晴らしいでしょ（笑）。

僕は、師匠 ハルヒトに聞きました…。

「ハルヒトは何のために生まれてきたの？」

なぜこの質問したかには理由があります！

生き方を学ぶお風呂タイム

「ハルヒトは何のために生まれてきたの？」

この質問は、ハルヒトが3歳のころ、
僕が彼に何度も何度も繰り返し聞いていた質問です。

「ハルは何のために生まれてきたの？」

3歳のハルヒトは、
毎回こう答えていました。

「人を幸せにするため」

「…!!!???」

衝撃でした…。
「人は、人生を折り返したころから、
人の役に立つ生き方をしたいと願うようになる」

そんなことに当時44歳の僕が気づき始めたころ…、

3歳のハルヒトが、当たり前のように言ったんです。
「人を幸せにするため生まれてきた」

もっと、もっと人間的に成長しなくちゃ！
そう、素直に思いました…。

ありがた過ぎます♪

そんな師匠 ハルヒトも8歳になりました。

小学校に入学し、美しくない言葉も
たくさん覚えました(笑)。

そろそろ、
ウソもつけるようになるころかもしれません(笑)。

食べものの好き嫌いや、
勉強の好き嫌いや、
人に対しても好き嫌いが出始めました。

そんな、
師匠 ハルヒトに今、

「ハルヒトは
何のために生まれてきたの？」

と質問したら…
いったい何と答えるんだろう？？？

めちゃくちゃ興味が湧いてきました!!

だから、
あらためて聞いたんです。

「ハルヒトは
何のために生まれてきたの？」

師匠 ハルヒト、8歳の答えは…

「あ〜それね。
最近気がついたんだよね〜。

やっぱり、人って一人で生きていけないでしょ。
だから、いろんな役割を果たすようになる。

学校でも、給食当番とか委員会活動とか…。

生き方を学ぶお風呂タイム

正直、面倒くさいと思うことばっかりなんだけど…

でも…
**いろんな役割をするようになって、
そこから自分が何のために生まれてきたのかがわかる**
ようになる気がするんだよね〜。

だから今は、
**自分に来た役割をとにかく
一生懸命やってみようと
思ってるんだよ！」**

参りました!!!

僕たちはついつい、人に言われたことを

「やらされ感あるよね〜」

などと、自分に都合のよい言葉を選んで、
わかったような気になってしまう…。

何と愚かなことをしてたんだ!!

そう、
大反省しました。

**面倒くさいと思ういろんな役割をするようになって、
そこから、自分が何のために
生まれてきたのかがわかるようになる。**

生き方を学ぶお風呂タイム

珠玉の言葉だと
思いました。
だから、自分の中にあるワガママに気づき…

自分に来た役割をとにかく一生懸命行う。
そこで初めて、自分が何のために
生まれてきたのかわかる。

8歳の師匠 ハルヒトに、
またしても人生で大切なことを
教えていただきました!!

これからは、

「面倒くさい」

と感じてしまうようなときにこそ…

「おお！　来た〜!!
この役割を果たすことで、
自分が何のために生まれてきたのかわかるカモ〜!」

と、ワクワクしながら
精一杯やっていきます!!

2015-12-07

ハルヒト 小学3年生

息子に言われたひと言…「そんなの生きてる意味ないじゃん…!!」

小学校で遠足があった日、
小学校3年生になった師匠と一緒にお風呂に入って、
遠足でどんなことがあったのかを聞いてみました。

「ハルヒト、今日は遠足だったんだよね？
何か面白いことはあった？」

息子に言われたひと言…「そんなの生きてる意味ないじゃん…!!」

「あのね、父ちゃん。
<u>やってみたことしかわからな</u>
<u>い</u>ってことがわかったよ」

「!!!!????」

なんだか深い話のような匂いがプンプンしたので、さらに聞いてみました。

139

生き方を学ぶお風呂タイム

「ちょっと待って。
やってみたことしかわからない
ってことがわかったって、どういうこと??」

「あのね、今日はでっかい公園に行ったんだよ。

芝生でお弁当を食べるってことになったから、まずは芝生の上で転んだら、どれだけ痛いか
ってことを確認しようと思ったんだ。

だから、まずは自分から転んでみたんだ。

息子に言われたひと言…「そんなの生きてる意味ないじゃん…!!」

そうしたら、どれくらい地面が硬いかってことがわかるし、
どれくらい痛いかもわかるし、
どれくらいだったらけがをしないで転べるかがわかるんだよね」

「いや、ちょっと待ってよ!!
転ぶことが前提なの?
ハルヒトは…!?」

すると師匠は、
間髪をいれずにこう言いました。

| 生き方を学ぶお風呂タイム

「それはそうでしょ!!

転ばないように過ごしても、自分の限界ってわからないじゃん!!

それって、
もうこれ以上は成長しない
ってことでしょ?

そんなの、生きてても意味ないよ。

チャレンジするから成長するし、生きている意味があるんじゃない?

だから、**限界を知るってことが、最初の一歩なんじゃないの?**」

生き方を学ぶお風呂タイム

僕は自分のことをこう言ってます。

「49歳伸び盛り！　鴨頭嘉人です！」

まだまだこれからチャレンジなんだ！
今まだ人生のスタートを切ったばかりなんだ！

僕は自戒の意味を込めて、

「49歳伸び盛り」

って言い続けています。

けれども、
やっぱりどこかで…

「これくらいなら大丈夫」
「これ以上やったら危ない」

って過去の経験という物差しを使って、
やる前から判断してたな〜…
って気づかされました。

過去の経験が
今これからの行動に通用するとは限らない。

それくらい世の中の
変化のスピードが変わっているのに…。

過去の自分が経験したことを
今や未来に通用すると思い込んで、
無意識のうちに使っているな〜って、
気がついたんです。

前に行った公園の芝生が硬かったから、
今日行った公園の芝生も硬いだろう。

生き方を学ぶお風呂タイム

だから今日は走るのをやめよう。

そんなことをやってしまっているんだって、
気がついたんです。

自分の限界を知るためには…
過去の経験則を使わない。
まずはやってみる!!

まずは転んでみて、
どれくらい硬いか、
どれくらい痛いか、
どれくらいだったら大けがにならないか、
自分の体で確かめる!!

僕はこれから、仕事をするとき、
新しい社会貢献の活動をするとき、

どんなことをするときも…

過去の経験則を使わない。
まずは転んでみる！

そこからチャレンジの一歩を踏み出す、って決めました!!

師匠、いつも貴重な学びをありがとう!!!

2015-05-18
ハルヒト 小学3年生

人の弱点は
誰かの勇気になる

ゴールデンウィークに実家にいると、
普段はあまり観ることのないテレビを観ます♪

最近、
師匠 ハルヒトのお気に入りが、
「痛快TV スカッとジャパン」
http://www.fujitv.co.jp/sukattojapan/
というフジテレビの番組です！

この番組は、日常のイライラする出来事が、
「一気にスカッとする出来事に変わった！」

という視聴者からの投稿エピソードを紹介する番組なんです。

日常のストレスを解消する番組のようです。
ある意味、ストレス社会と言われている現代社会を象徴している番組なんです♪

師匠 ハルヒトも、
日常のストレスをためて生きているんでしょうか(笑)。

これから紹介するのは、
あるお父さんのエピソードです。

そのお父さんは、
奥さんがひとまわり以上年下で、結婚するのも遅かったそうです。
48歳のときに生まれた子ども、
タカシ君が小学3年生になったときには

すでに57歳。

同じクラスのお父さんは、まだまだ40代前半や30代のお父さんばかりです。そんな状況の中、運動会で障害物競走に出ることになります。

タカシ君の周りの子たちは、タカシ君のお父さんを見て、
「あれ、おじいちゃんじゃないの??」
と、バカにしていました。
それでも当の本人は、かわいい息子、タカシ君のためにがんばろうと真剣でした。
そして障害物競走がスタートします。

スタートから大きく出遅れて、

「やっぱり…」

と、周りのお父さんお母さんだけでなく、
タカシ君とタカシ君のお母さんも思ってしまいます。

さまざまな障害物が待ち受ける中、
網をくぐる競技になったときから奇跡が起き始めます‼

網をくぐるとき、タカシ君のお父さんの

【背が低いこと】

がメリットとなって、前を走っていた一人を抜いたんです‼
タカシ君の表情が変わっていきます‼
お母さんのビデオカメラを握りしめる手にチカラが入ります！

「ひょっとしたら…‼」
という気持ちが湧き起こってきたのです。

そしてとうとう最後の障害物が…。

三輪車。

30代と40代のお父さんは、スタイリッシュで足が長い。
タカシ君のお父さんは、手足は短くて太い。
見た目ではまったく歯が立ちません。

しかし…
この最後の障害物競技は三輪車競争なんです‼

タカシ君のお父さんの

【足の短さ】

が大きなメリットに変わります‼

短い足を高速回転させて…
若くてスタイリッシュでカッコいいお父さんたちを

ごぼう抜きしていきます!!

全身汗だくになり…
必死の形相で…
タカシ君のお父さんは三輪車をこぎまくります!!

タカシ君のお父さんの目には
他の若いお父さんの姿など見えていません。

ただただゴールだけを、
必死の形相で見ているのです!!

生き方を学ぶお風呂タイム

タカシ君が…
タカシ君のお母さんも…
思わず叫び出します!!

「お父さん!!
がんばれ〜っ!!」

そして…
ついに…
タカシ君のお父さんは…

トップでゴールテープを切ります!!

ゴールした瞬間、
三輪車もろとも転んでしまい泥だらけになりながら…

タカシ君のお父さんは高く手を突き挙げて
雄叫びを上げます!!

生き方を学ぶお風呂タイム

タカシ君が
お父さんに駆け寄り…
ヘトヘトになった体に抱きつきます!!

お母さんは、
撮影していたビデオカメラの存在さえも忘れ…
勇者であるお父さんの姿に見とれていました。

最初はちょっとバカにしていた
他のお父さんやお母さんから…

祝福の拍手が
運動場に鳴り響いていました!!

その後、師匠 ハルヒトと．
お風呂でこの番組の話になりました。

「父ちゃん！
スカッとジャパン良かったね〜♬」

「うん♡　面白かったね〜♬」

師匠 ハルヒトは続けます。

「あのお父さんの話…
勇気が湧く話だったね〜‼」

僕は聞きました。
「何でそう思ったの？」

「だって、
あのお父さんってさ〜年取ってて…
体力なくて…

生き方を学ぶお風呂タイム

背が低くて…
足が短いのがコンプレックスだったんだよ。

でも、そのコンプレックスだったところが、強みに変わったじゃん!!

背が低いから、網をくぐるの速くて一人抜いたし、
足が短いから三輪車競争でみんなを抜いて、
優勝できたでしょ!!

タカシ君もお母さんも、
そんなお父さんに誇りを持てたよね♡

あれってさぁ…

【弱点だと思ってたところが
強みに変わった】

それが感動ポイントでしょ！

だから、他のみんなにも
勇気になったと思うよ!!」

そう解説してくれました♪

確かに、
明らかに体力的に優位な若いお父さんが勝っても
感動は生まれませんでした。

コンプレックスをものともせず…
タカシ君のためにがんばりたい!!

生き方を学ぶお風呂タイム

ただただ、

それだけを強く想い…
他のお父さんの姿にわき目もふらず
必死の形相でゴールだけを見ていた。

あのお父さんの姿に勇気をもらった!!

【弱点だと思ってたところが強みに変わった】

誰にでも
足りないと思っていること、
弱点だと思っていることがあると思います。

学歴がない…。
知識がない…。
お金がない…。

実績がない…。
人脈がない…。

もちろん、そうかもしれない。

でも!!

弱点を長所に変えることができれば、奇跡が起こせる!!

**弱点があるからこそ…
奇跡を起こすことができるんだ!!**

勇気と感動をくれるのは、弱点なんだ!!

この貴重な気づきを与えてくれた
「スカッとジャパン」の制作メンバーさんと、
師匠 ハルヒトに感謝します♪

心と体を
鍛える
スポーツ

2015-10-26

ハルヒト 小学3年生

人生において
「負けを知る」
こととは…

小学3年生の師匠 ハルヒトは、
運動神経抜群なんです!!

体力測定は、
ほぼ全てで学年トップ!!

ジャンプ力も
高学年の先輩に引けを取らないほどです!!

運動会の徒競走では
一度も負けたことがありません。

人生において「負けを知る」こととは…

そのハルヒトが、
人生で初めて…

【負ける体験】

をします…。

心と体を鍛えるスポーツ

運動会の日、
小学校の３年生の徒競走が始まりました。

実力ナンバーワンのハルヒトは、
もっとも足の速い４人で勝負です。

その中でも、ハルヒトはスタート時点から
ぶっちぎりでトップを走ります!!

学校内でも評判のスプリンターなので、
先生も生徒も保護者も…

「やっぱり、
今年もハルヒト君がトップね！」

そう信じて疑いませんでした。

最終コーナーを回り、

２位を引き離しながらゴールテープを切り、
ぶっちぎりで１位になる、
と誰もが思った瞬間…。

ハルヒトはガクンと、
体を沈めて
転びそうになります…。

「あ！　転ぶ!!」

そう思った瞬間…。

ケタはずれの脚力で
体勢を立て直し、
転ばずにゴールインします。

しかし…

心と体を鍛えるスポーツ

4人中、
4人目のゴール…。

運動場にいる
数百名の観衆から、

「あぁ…」

とため息にも似た
声が上がる。

衝撃の瞬間でした…。

「ハルヒト君が…
負けた…」

ハルヒトのことをよく知る同級生のお母さんの中には、
思わず泣いてしまった人もいるほど。

予想外の出来事だったんです…。

人生で初めての負けを喫した
ハルヒトの顔を…

僕はじっと観察していました…。
その顔は…

見ているコチラが胸を締め付けられるほど…
切なくなる表情をしていました…。

唇を血が出るほどかみしめて…

目からにじむものをこぼさないように瞬きを我慢している…。

心と体を鍛えるスポーツ

そんなハルヒトの表情を見て、
親の僕たちのほうが…
複雑な気持ちになりました…。

そして、

ハルヒトの苦難はまだ続きます。

人生において「負けを知る」こととは…

運動会のクライマックス、

赤組・白組対抗の全学年リレー!!

ハルヒトは３年生の
リレーの代表選手として

最後の勝負に挑みます!!

心と体を鍛えるスポーツ

お姉さんのイチカは
白組の応援団長です。
ハルヒトはその白組の代表選手として走ります!!

それまでの赤組・白組の得点は
まさに絵に描いたような接戦で…

最後の競技…。

代表選手による全学年リレーで
勝敗が決まります!!

リレーのスタートは1年生…。

2年生の代表にバトンが渡り、

いよいよ3年生の出番です!!

徒競走で人生初の負けを味わったばかりの
ハルヒトは…

「絶対に負けられない!!」

その決意が表情にも、
そして、全身からも満ち溢れていました!!

２年生の選手からバトンを受け取り、
僅差で前を走る赤組の選手を
猛然と抜き去る姿が想像できました!!

ところが…

２年生の選手から
受け取るハズの
バトンを、

心と体を鍛えるスポーツ

落としてしまいました。

猛然と
前に向かってダッシュするハズだったハルヒトが、
落ちたバトンを拾うために…

振り返って、
地面にしゃがむ姿を見たとき…

僕は思わず…

**「神様…
あなたは彼に、
試練を与えましたね…」**

そう心の中で漏らしていました…。

1位から3位までの選手に
大きく引き離された状態で、

ハルヒトはトラックを一周します…。
ただ、無表情に走ります。

どんな気持ちで走ったか…。
誰にも想像はつきません…。

心と体を鍛えるスポーツ

小学3年生。

スポーツの神童と呼ばれた
師匠 ハルヒトの運動会は、

苦い味で埋め尽くされたまま幕を閉じました。

運動会の夜。

家では二人の子どもたちが、
まるで別世界の住人のような顔でそこにいました。

【学校初の女子白組団長】

全校生徒とその保護者から、

「素晴らしかった!!」
「かっこよかった!!」
「感動をありがとう!!」

大絶賛を一身に浴び続けた
長女のイチカ。

その隣には、

| 心と体を鍛えるスポーツ

スポーツの神童と呼ばれながら
全校生徒の疑いのない期待を
完全に裏切ってしまい…

人生初の敗北を味わった…
弟のハルヒト。

はしゃぐイチカと、
ハルヒトを励まそうとする母・明子に、
僕は、

「先に寝て…」

そう伝えて、
夜の部屋でハルヒトと男同士…
二人きりで話をしました。

「ハルヒト…
今日は完全に負けたな」

「うん…」

「どうだ…悔しいか?」

ハルヒトは、
今まで見せたことのない大人の男のような顔でひと言…

「……。うん…。悔しい…」

僕は父親としてというより…

一人の男として彼に伝えました…。

「そうか…。

今夜はその悔しい気持ちを

よく味わって寝ろ…」

「……。うん…。わかった…」

彼の目からは…

今にも熱いものがこぼれそうでした。

彼にとってその夜、どれくらい眠れない夜だったか…。

どれくらい人知れず枕をぬらしたか…。

どれくらい、

「１日分時間を巻き戻してほしい」

そう神に願ったか…。

「人生において
負けを知ること」

心と体を鍛えるスポーツ

とっても大切な学びである。

それは十分過ぎるほど
理解しています…。

それでも…
人間は感情で生きている動物です。

「みんなを
幸せにするために学校に行く!!」

そんな生き方を貫くハルヒトが、

「みんなの期待を
裏切ってしまった…」

そんな負けを味わった夜…。

自分がもっとも
得意としている運動で、

みんながもっとも
自分を認めている運動で、

「みんなの期待を
裏切ってしまった…」

そんな負けを味わった夜…。

「どれほど悔しい思いをしているか」

僕自身も、
眠れない夜を過ごしました…。

次の日…。

僕は終日仕事でしたが、

子どもたちは運動会の振替休日。

お休みでした。

夜、家に帰り、

カミさんの明子に
ハルヒトの様子を聞きました。

「今日はハルヒトどうだった…?」

カミさんの明子は、

興奮気味に
こう話してくれました。

「ハルヒトすごかったんだよ!!

めちゃくちゃかっこよかった!!
あの子ね…

今日、8時間近く…
ずっと走ってたんだよ!!

心と体を鍛えるスポーツ

午前中、家の近くの公園で、
何時間も走って…

ごはんも食べずにずっと走って…
汗だくになってたから…

『もう次に行こうよ！
次はどこに行きたい？』

私がそう聞いたら…
ハルヒトこう言ったんだよ…。

『母ちゃん。

もっと大きい公園に連れてって。
お願い…
もっともっと大きい公園に連れてって』

あの子…

男だった!!

諦めないかっこいい男の子だったよ!!」

衝撃でした…。

痺れました…。

全身の血液の温度が
上がった気がしました!!

彼は運動会で負けた夜…

「悔しさを味わい尽くし…」

運動会で負けた次の日…

「1日8時間、走り続けた!!」

いつもは夜の10時まで起きていて、

「俺は子どもにしては
睡眠は短いタイプなんだ」

と生意気なことを言っているハルヒトは
その日、

7時半に一人で寝室に入り
クタクタになって眠ったそうです…。

僕はその話を聞いて
男泣きしてしまいました…。

「すごい男に出会った!!」

そんな気分で
男泣きしてしまいました…。

そして、
魂に火がつきました!!

心と体を鍛えるスポーツ

「俺も負けてられない!!」

僕の師匠 ハルヒトは
本当にかっこいい男です!!

父親である僕が言うのは
他人から見れば変なのかもしれませんが、

目標です!!

彼はまさに…
現代の日本男児が忘れかけている

侍魂

の持ち主なんです‼

勝っておごらず。

負けてひるまず。

ひたすら己を磨き続ける。

小学３年生
鴨頭陽人（ハルヒト）は

やっぱり
僕の目標です‼

僕の人生の
師匠なんです‼

心と体を鍛えるスポーツ

僕も自分自身を
もっともっと磨き続けます!!!!!

**「神様!!
僕をもっともっと
大きい公園に
連れて行ってください!!」**

2016-11-28

ハルヒト 小学4年生

人生に勝つ人と負ける人の決定的な違いとは!?

小学4年生になった師匠 ハルヒトは、
またしてもリレーの選手に選ばれました。

そして、
今回の運動会には

彼にとって特別な意味がありました…。

【1年越しの目標】

心と体を鍛えるスポーツ

を達成できるかどうかがかかった

大切な運動会。

1年前の運動会…。

彼は人生で初めて

「負ける」

という体験をしたからです…。

1年生のときから
1位しか取ったことのなかったハルヒトが…

去年、3年生のときの徒競走で、
ゴール直前…
転びそうになり負けてしまった…。

笑うことも…
泣くこともできない…

人生で初めての経験だった…。

彼は初めての負けを経験した
その次の日から1年間、

この運動会のために、

雨が降ろうが…
雪が降ろうが…

1日も欠かさず
走る練習をしてきました。

あまりにも雨が激しい日には、
マンションの廊下で走る。

心と体を鍛えるスポーツ

夜遅くなってカミさんに怒られると、
部屋の中でフォームのチェックをしました。

彼はただ走るという
フィジカルトレーニングだけではなく…

必ず勝つための
イメージトレーニングもスタートさせます。

便利な世の中になったもので、YouTubeを検索すると、世界中のトップランナーのランニングフォームをすぐにチェックすることができます。

ハルヒトはランニングフォームを研究し始めました。

彼は、過去16年間のオリンピックの
全てのメダリストのランナーの名前と国名を言うことができます。

そして、その全てのランナーのフォームを真似して走ることができるんです。

ボルトの３大会前の上半身の使い方と
今大会の上半身の使い方の違いを明確に分析して…
そのどちらのフォームも真似して走ることができる…。

それほど彼は…

「フィジカルトレーニング」

「イメージトレーニング」

「フォームのチェックと研究」

を重ねて…
今年の運動会を迎えました!!

運動会の１カ月前には…
ハルヒトはそのころ僕と始めたロードバイクのサイクリングを、

「今日はやめておく」

とキャンセルするようになりました。
それは…

けがをしたら困る

から…。

もう、プロのアスリート並みのマインドです‼

1年間かけて自分が積み重ねてきたことの集大成。

必ず決着させる！

そう、彼は、

必ず1位を取る

ということを常にイメージして
1年間練習してきました。

運動会の1週間前には…

「緊張する」
「緊張する」

と家で連発しながら…
彼は心と体の調整をしていました。

そしていよいよ当日を迎えます。
僕と宇宙一のカミさんは、

心と体を鍛えるスポーツ

「こんなに緊張する運動会はもう二度と味わえないだろう」

という緊張感を覚えていました。

僕は

「絶対勝つ！」

と思ってワクワクしていました。

うちの宇宙一のカミさんはやっぱり母親。

「もしも勝てなかったら
　なんて言ってあげればいいんだろう？」

そんなワクワクと
ドキドキを胸に…

いよいよハルヒトの徒競走の時間がやってきました。

彼の走る順番は4年生の最後の組。

最後の組は4年生の中で

もっとも速いランナーが集められたグループ。

大トリのグループです。

ハルヒトは大きく
息を吸い込み…

心と体を鍛えるスポーツ

スタートラインに立ち…

そして…

徒競走が始まりました。

結果は…

人生に勝つ人と負ける人の決定的な違いとは!?

1位。

その瞬間…
思わず宇宙一のカミさんは、

「良かった」
「良かった」

と言って泣き出しました。

お昼の休憩時間になると
ハルヒトは…

**「俺…
勝った。

俺…
勝ったんだ」**

と誇らしげに…

でも周りの友達に悟られないように、

小さな声で僕とカミさんに報告してきました。

その日の夜…

一緒に風呂に入りながら、

「ハルヒト良かったな」

って声を掛けたとき…
彼はこう言いました。

「本当に良かった！
諦めずにがんばって本当に良かった!!」

僕はハルヒトに聞きました。

心と体を鍛えるスポーツ

「何で勝てたんだと思う？」

彼はこう答えました。

「勝つと決めて1年間取り組んだから。

俺は勝つことしか考えなかった…」

そして彼はこう続けました。

「勝つためにできることは何だろう？
しか考えなかった。

これをやれば勝てると思ったことは全部やった!!
だから勝てたんだと思う」

勝つために考え、
勝つために行動する。

そのことが結果に結びつくということを、
彼は小学4年生にして体得したんだと思います。

私たち大人はもしかすると…
ビジネスや「ここぞ！」という勝負のときに、

「勝ちたい」

という思いを持ちながらも…、

「もし負けたらどうしよう」
「こんなことやっても意味があるんだろうか?」

と差し引いて考え、
差し引いて行動してるのかもしれない。

でも、彼には…
一切ありませんでした。

勝つために考え、
勝つために行動した。

まさしくこれこそが

1ミリも無駄のない取り組みなんだと、
あらためて思いました。

師匠からの学びの時間が終わり、
彼が風呂を出るとき…。

僕のほうを振り返り、
師匠は
僕にこう言いました。

「でもね父ちゃん。
今回一番
学んだのは…

感謝だったよ」

「!!!???」
「どういう意味?」

思わず僕が質問すると、
彼はこう言いました。

「だって、こんなに
一生懸命やれたのは…

運動会を考えてくれた先生がいたから。

もしも先生が運動会というものを考えないで、

運動会をやってくれなかったら…

こんな思いを経験することはなかった…。

だから、運動会を企画してやってくれた先生に感謝しなきゃって思うんだ」

僕はまたしても、

「師匠に一本取られた」

という気持ちになりました。

僕はこれまで、いざ勝負のとき…

自分が勝つことを考えることは
できていたかもしれません。

心と体を鍛えるスポーツ

でも師匠 ハルヒトは…
勝ったときも負けたときも、

この感情を味わえたのは、誰のおかげか。

という視点を持っていました。

僕は負けたときには…
「何で勝てなかったんだ」

という反省。

そして勝ったときには、
「俺がんばったな」

というふうに有頂天。

僕は常に自分のことだけを考えながら

今まで勝負に挑んできました。

でも師匠は
その勝負に挑む中で、

もちろん己が勝つために…
そして己を変えるために…
己を鍛えるために考え行動し…

彼の視野は…

【誰かのおかげ】

というところまで及んでいる‼

また大切なことに
気づかせてもらいました。

心と体を鍛えるスポーツ

僕はこれからも、

自分の人生の目標達成にこだわり続け…
自分の成長にこだわり続け…

「なぜ自分がこの目標を持てたのか?」

「なぜこの目標達成に取り組む環境があったのか?」

ということを常に意識する。

自分のことだけではなく、
周りの環境にちゃんと思いを馳せられる。

そんな小学4年生、
師匠 ハルヒトのような
広い視野を持った大人になる!!

そのことをあらためて決意しました!!

師匠、参りました!!!!

2018-12-10

ハルヒト 小学6年生

ぼくの体育の過ごし方を変えたのは、ぼくだったんです。

もっとも、人間の成長を妨げる言葉

もっとも、チャレンジする気持ちをくじく言葉。

もっとも、自分の中に眠る才能を殺す言葉。

「苦手」

僕は講師業のプロとして、いつもこの

「苦手」

という言葉と闘ってきました。

どうしたら成長したい人がこの

「苦手」

の呪縛から解き放たれて

【成長モード】

への道を歩んでいけるか!?

いつもこの問いの…

答えを探し求めていました。

そして、ついに…
「探し求めていた答え」

その光明に出会ってしまったんです!!

心と体を鍛えるスポーツ

それは、師匠 ハルヒトの

小学校の**卒業文集**でした!!

自己成長を志す全ての人に

この**メッセージ**を

読んでほしいと思います!!

※原文から抜粋していますが、ほぼそのままお届けします。

ぼくの体育の過ごし方を変えたのは、ぼくだったんです。

ぼくは、体育が**きらい**です。

でも、全然**苦手**ではありません。

体力テストでもAをとり、
スポーツは大好きですけど…

この学習方法があまり好みではないのです。

自分の思うように進まないし、
一人で何かをするのが好きなぼくにとっては、

他の人の特徴を探るための
ツールでしかなかったです。

心と体を鍛えるスポーツ

それでも、その話はかなり前です。

なぜそのような**思い**があったかというと…
自分で…

「きらいな教科」 にしていた
だけだったのです。

もちろん今は体育が**大好き**です。

どういう考えにしたかというと、
「みんなを考える」 のが必要だと思えました。

「積極的にアドバイスを」
そういう気持ちになれたんです。

つまり、
ぼくの体育の過ごし方を変えたのは…
ぼくだったんです。

ぼくの体育の過ごし方を変えたのは、ぼくだったんです。

自分には、どんなに好きな体育でも、苦手な種類はあります。
サッカーやベースボールです。
でもその苦手なものの中にも、いいことはたくさんあると思います。

「たくさんやる」 ことで、

そのスポーツを
「自分の中で鍛える」
ことはできるし、

たとえ自分がそのスポーツができなかったとしても、
「他の人のことを知る」
ことができて…

ぼくは体育を**大好き**になっていったんです。
小学生時代の体育は、

とても楽しむことができました。

鴨頭陽人

心と体を鍛えるスポーツ

自分で…
「きらいな教科」にしていただけだった
のです。

全ての原因が、

【自分の中にある】

という考え方…
真理じゃないですかー？

そして…
**ぼくの体育の過ごし方を変えたのは
ぼくだったんです。**

苦手や嫌いを

対象物や相手の問題で終わらせてしまうと
そこで**思考停止**になってしまう。

しかし…
【自分の考え方】
に活路を見出せば…

「ぼくの過ごし方を
変えたのはぼく」
という心境に到達できる!!

そして最後には…
「楽しむことができました」

その**実感**を味わえる!!

またまた、
大きな気づきを与えてくれました!!

心と体を鍛えるスポーツ

師匠、ありがとうございまーす♪

これから、僕は

「苦手」「嫌い」「困難」

そんな言葉が浮かんできたときには…、

【自分の考え方に活路を見出す】

【僕の考え方を変えるのは僕】

【楽しむことができる】

この**三つのステップ**で

突き抜けていきまーす!!

2017-06-05

ハルヒト 小学5年生

成長する人と成長しない人の決定的な違い

「父ちゃん、今日は俺総合体育館で卓球して来た。

でねー、
総合体育館は素晴らしかったよ‼

多分、50歳か60歳ぐらいだと思うんだけど…

人生の大先輩の人が卓球してて、
学ぶことだらけだった‼」

僕はハルヒトに聞きました。

心と体を鍛えるスポーツ

「ほー、どんなところが学びポイントだった？」

ハルヒトは目を輝かせながら
教えてくれました!!

「やっぱり自分より、上の人からは
学びポイントしかないんだよ!!

例えば、フェイントのかけ方とか…
相手の動きを読んでレシーブする技術とか…

あと、体力を試合全体でコントロールする考え方も勉強になった!!

やっぱりさ〜、

いつも同じ人とだけ

心と体を鍛えるスポーツ

会<u>っても、</u>

成長<u>しないんだよ!!</u>

自分より上の人と会って、
自分にないものを感じて、努力しない限り…
成長は止まってる‼

でもさ〜いつも同じ人といると、楽なんだよな〜。

だから…
気をつけようって思った‼!」

衝撃波が体中を

駆け巡りました!!!!!

自分より上の人から学ぶ。

理解はカンタン、
知ってもいる。

でも、
本当にできてるか…。

どこかで、

「自分は自分流で成功したい」

そんなふうに

成長にブレーキを

心と体を鍛えるスポーツ

かけてないか!?

そして…
師匠 ハルヒトが最後に言った、

このひと言…。

「でもさ〜いつも同じ人といると、楽なんだよな〜」

参りました!!

本当にそのとおりだと痺れました!!

僕はまだまだ成長したいです!!

だから…
言い聞かせます!!

「いつも同じ人とだけ会ってても
成長しない!!」

「自分より上の人と会って、
自分にないものを感じて努力しない限り
…成長は止まってる!!」

師匠!!

いつも必要なタイミングで、
必要な教えを…

ありがとうございます!!

2017-02-06
ハルヒト 小学4年生

交通事故に遭って…気づかせてもらったこと

師匠 ハルヒトは今…

夢に向かって驀進中です!!!

僕と顔を合わせる度に、将来の夢について
熱く語ってきます！

交通事故に遭って…気づかせてもらったこと

「父ちゃん、俺、世界で活躍するプロのロードレーサーになる!!」

ロードバイクに毎日乗り、
プロのロードレーサーになることを夢見て
日々楽しそうに生きています♪

心と体を鍛えるスポーツ

最近は YouTube を観て、

世界レベルのプロ選手のライディング・フォームを
徹底的に研究しています！

世界的に有名なロードレーサーで、
最近引退したばかりの
ファビアン・カンチェラーラであったり…

新世代の若きスーパーヒーロー、
ペーター・サガン。

日本人選手でありながら
世界で活躍している
新城幸也選手。

徹底的にフォームや
体の作り方を研究して学んでいます!!

小学4年生のハルヒトは
僕に将来の夢を語ってくれます。

「父ちゃん、
アスリートって素晴らしい能力を
発揮しているけど…

スポーツだけでお金を稼ぐのが
難しいって聞いたんだ〜。

だから調べてみた。

ロードバイクって、ヨーロッパでは、
３番目に人気のスポーツなんだって！

１位がサッカーで、
２位がラグビー、
３位がロードバイクなんだよ！

トップ選手の年収が４億みたいなんだ
けど、

年収４億だったら食っていけるかな〜?」

僕は興奮して答えました!!

「う、うん、食っていける！
ロードレーサーに絶対なれ！」

師匠は間髪をいれずに答えました。

「わかった。なる」

そこからもう
彼のターゲットは…
「世界」です。

交通事故に遭って…気づかせてもらったこと

最近、師匠 ハルヒトと僕との間の合言葉は…

「最低でも日本一、
最高世界一」

彼は毎日ロードバイクに乗りながら、

「最低でも日本一、
最高世界一」

のために今を生きています!!

| 心と体を鍛えるスポーツ

だから、毎日何時間練習しても充実しているそうです‼

人は目的を持つと…
信じられないエネルギーが湧いてくる

ようにできているようです！

そんな師匠 ハルヒトが…

交通事故に遭いました。

学校が終わって一人で
ロードバイクに乗っているときに…

コーナー（十字路）をものすごいスピードで曲がり、
前方から来た車に正面から衝突したそうです。

僕の携帯に警察署から電話がかかってきて、
カミさんと迎えに行くと…

事故現場にドライバーの方と
十人の警察官に囲まれた師匠がそこにいました。

たくさんの大人に囲まれながら路上で45分間、
緊張をグーッとこらえていたようです。

うちのカミさんと僕の顔を見ると…
目に涙を浮かべて、駆け寄ってきました。

きっと少しの安心と、
やってしまったことへの後悔が
こみ上げてきたんだと思います。

幸い師匠にもドライバーにもけがはなく、
相手の車に傷をつけたことによる
修理費の弁償だけで事故の処理は済みました。

示談が成立して…

師匠 ハルヒトのロードバイクを
僕の車に積んで家に帰りました。
家に着いてからもハルヒトは
気丈なところを見せようと…

「俺、身長が155cmになったら、
ロードバイクの大人用を買って…
必ずアルテグラのDI2のコンポーネン

トを載せるんだ！」

とか、

「歩きにくいけどロードレース用のクリートを履いて、
絶対ロスが生まれない軽量タイプのビンディングペダルにしようと思うんだ！」

などと熱く語り、
それを聞いて、
うちのカミさんは…

「男の子って
事故を起こしても、こんななんだね～」

って感心していました。

心と体を鍛えるスポーツ

でも、実際は…
その夜、
彼は何時間も寝つけませんでした…。

やっぱりそこは小学4年生。

なかなか寝つけず、
起きたり寝たりを繰り返し…

やっと眠りにつきました。

そして次の日…

ハルヒトの小学校で

「二分の一成人式」

という10歳になったときに行われる

交通事故に遭って…気づかせてもらったこと

行事が開催されました。

そのとき発表した
師匠 ハルヒトの作文に…

僕は衝撃を受けました!!

二分の一成人式 〜10歳の誓い〜

【将来の夢こんなふうになりたい】

僕の夢は、プロロード選手です。

二十歳になったら、
ツール・デ・フランドルや
ブエルタ・ア・エスパーニャ
などに出るために練習し、

職場も決め自分を追い込みながら、
楽しく自由に生きたいです。

【こんなことを頑張ろう】

世界を超えるのは難しい。
何度も立ち止まろうと思うことも多いと思います。

そのために、今が大事だと思います。

練習して速くなる。
それが１番近い目標です。

【10歳の誓い】

僕は将来、
プロロードレーサーになりたいです。

いや…
ロードレーサーになります。

そのために
今やるべきことは全てします。

とにかく練習量は
他の人より１つ上回りたいです。

楽しんでいきたいです。

心と体を鍛えるスポーツ

1日前ロードバイクで車に衝突し…
眠れずに動揺していた師匠 ハルヒトが、

翌日この作文を書いたんです。

この意志の強さがあれば…
彼は間違いなく
夢を実現する!!

思ったとおりの人生を生きると
確信を持ちました。

私たち大人は…

将来自分は何ができるのか

ということを、ついつい

過去の延長線上

で描いてしまいます。

「今までうまくいかなかったんだから
きっと無理だろう」

「これくらいのことだったら、実現できる
かもしれない」

ついつい**過去の延長線上**で、
小さな夢を描いてしまうのかも
しれません。

心と体を鍛えるスポーツ

でも、
子どもたちは
過去の体験が少ない。

だからこそ、無限の可能性を感じ…

未来に向かって
今を生きるという力

が、大人の私たちに比べて圧倒的に強いんだ!!

と気づきました。

だからこそ…

僕は子どもたちが持つ

交通事故に遭って…気づかせてもらったこと

「自分がなると決めたとおりに生きるために今を生きる」

という生き方を、
真似をして生きようと決めました!!

師匠 ハルヒトに負けないように
夢に生きるぞ〜!!

おわりに

物事の本質に目を向けることによって、仕事や人生に求めるものと向き合うことができると言われます。
そして、物事の本質を知ることで幸せになれると言われます。

本書では、師匠 ハルヒトにまつわる15のストーリーを通じて、彼に教わった物事の本質をご紹介しました。

本書を手に取ってくださったことで人生を豊かにするヒントを得て、幸せになる人が一人でも増えることを願いながら、ペンを置きたいと思います。

最後になりましたが、今回の出版に当たりサポートをしていただいたサンクチュアリ出版の鶴巻謙介社長、津川美羽さん、石川亮さん、成田夕子さん、株式会社青木屋の青木玲子さん、かも出版 編集長の木本健一さん、イラストレーターのかさはらりさん、そして鴨頭家の長男であり、僕の人生の師匠 鴨頭陽人さん。皆様の支えがあってこの本は誕生しました。

本当にありがとうございました。心より御礼申し上げます。

　　　　　　　　　　　　　　　　　　鴨頭 嘉人

かも出版の新刊予告

2019年8月下旬 発売決定

自己肯定力2

本書続編

やっぱり私は素晴らしい（仮題）

著：鴨頭嘉人

彼女の自信の源は
「思い込みの力」にあった！
スピーチの天才・長女イチカ
10歳から15歳までの15のストーリー

2019年9月中旬 発売予定

シリーズ第3弾

自己肯定力3

人生で大切なことは、
みんな私の周りの人から教わった（仮題）

著：鴨頭嘉人

発 行　かも出版
発 売　サンクチュアリ出版
定 価　本体1200円＋税
頁 数　268P
ISBN　978-4-86113-849-2

あなたの経験を仕事に変える技術
成功する独立起業家と失敗する独立起業家の違い

著：鴨頭 嘉人

やらされている仕事ではなく、やりたい仕事へ。時代の変化に伴って、働き方にも変化が起きています。

与えられたことを仕事にするのではなく、
好きなことを仕事にする！
8年前、絶頂期のマクドナルド・管理職の立場を捨て去り
独立起業し成功を収めた筆者が
「好き」や「得意」を仕事にする極意をお伝えします。

発行　かも出版
発売　サンクチュアリ出版
定価　本体 1000 円＋税
頁数　190P
ISBN　978-4-86113-410-4

あなたのスピーチレベルが あなたの年収を決めている
著：鴨頭 嘉人

スピーチ力には「その人の全体評価に影響する」という特徴がある！

出世街道への出遅れ、交渉力の貧困さ、夫婦の不仲などの個人の問題…。
人手不足、売上減少、従業員のモチベーション低下などの会社の問題…。
すべての問題はあなたのスピーチ力に原因があります！
自分の想いや自分が提供しているサービスを人に伝えるためには、「言葉」を使って伝えるしか方法がありません。だからこそ、自分の想いを伝えるとき、自社の商品の価値を伝えるときには、スピーチ力を高めることが必須。とくにビジネスの場面では、売上や年収という結果に直接影響します。
幼少期の失声症からマクドナルド No.1 店長、年間 330 回以上講演する炎の講演家へとスピーチ力を磨いてきた著者がビジネスや人間関係で成功する秘訣を語ります。

発 行　かも出版
発 売　サンクチュアリ出版
定 価　本体 1500 円＋税
頁 数　208P
ISBN　978-4-86113-407-4

今まで誰も教えてくれなかった人前で話す極意

著：鴨頭 嘉人

人前で話す人が抱える、"あらゆる悩み"をすべて解決

スピーチは技術！　学べば誰でも必ず変われます！
・人前で緊張しない秘訣
・結婚式のスピーチで面白い話をするコツ
・目上の方に話すときに、心を掴むコツ
・会場の雰囲気を作るコツ
・講演やプレゼンテーションの事前準備で大事にすること
YouTube の動画と連動しているので、わかりやすく、簡単に学べるスピーチ本の決定版！

発行　かも出版
発売　サンクチュアリ出版
定価　本体 12000 円＋税
頁数　416P
ISBN　978-4-86113-848-5

夢を叶える5つの力
根拠のない思い込みで駆け上がれ！

著：鴨頭 嘉人

「会社」「社員」「お客様」のために
自分を成長させたいリーダーの
夢や目標を現実にする手段とノウハウが凝縮！

ビジネスの種類や金額の大きさは関係ない！
今のあなたに足りないものが手に入り、克服できなかった困難を乗り越える！
勇気を持って次の一歩を踏み出せる自分に生まれ変わり、夢を実現する！

「根拠のない思い込みを使って駆け上がれ」
鴨頭嘉人流 夢の実現方法を余すことなくお伝えします！

発行　かも出版
発売　サンクチュアリ出版
定価　本体1200円＋税
頁数　128P
ISBN　978-4-86113-408-1

あなたが痩せられないのは、一生懸命ダイエットをしているからだ

著：鴨頭 明子

「無理せず・しっかり・かんたんに」

一番キレイな自分に戻れる

かもあきダイエットのススメ

・日報で自己コントロールができる
・プロの指導が受けられるから必ず結果が出る
・早く結果が出るのでモチベーションがあがる
・バランスよく生活習慣を総合的に整える
キレイにダイエットできると話題！
アメブロ美魔女部門　1位（※ 2016/09/25時点）

私は自分の仕事が

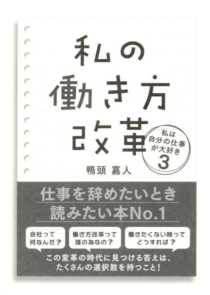

発行　かも出版
発売　サンクチュアリ出版
定価　本体1200円+税
頁数　294P
ISBN　978-4-86113-847-8

私の働き方改革
～私は自分の仕事が大好き3～

著：鴨頭 嘉人

仕事を辞めたいと思ったときに読みたい本！

「会社ってなんだ？」
「働き方改革って誰のためのものなの？」
「働きたくないときってどうすればいいの？」
こんな疑問が浮かんだとき、
この変革の時代に見つけるべき答えは、
たくさんの選択肢を持つこと！

大好きシリーズ

私は自分の仕事が大好き

著：鴨頭 嘉人

発　行　かも出版
発　売　サンクチュアリ出版
定　価　本体 1500 円＋税
頁　数　200P
ISBN　978-4-86113-406-7

子ども達が早く大人になって働きたいと思える社会を創る！

"価値のある仕事"なんて存在しません！どんな仕事をするかが大切なんじゃない。自分の仕事の価値を見つけて、自分の仕事に誇りを持って、自分の仕事を大好きになろう！一人でも多くの人に「仕事が大好き」というメッセージを受け取ってもらうために！ 多くの人が自分の仕事の価値に気付くために！ そして、今の仕事を好きになった理由を、「仕事が大好き」というメッセージを、一人でも多くの人に届けるためにこの本を作りました。

私は自分の仕事が大好き 2

著：鴨頭 嘉人

発　行　かも出版
発　売　サンクチュアリ出版
定　価　本体 1000 円＋税
頁　数　144P
ISBN　978-4-86113-409-8

私は自分の仕事が大好きシリーズ第二弾！

今、日本に必要なのは『毎日イキイキと輝いている大人の姿』。今の仕事を好きになった理由を、「自分の仕事が大好き」というメッセージを、一人でも多くの方に届けたい！ 仕事を変えずに仕事が変わり、日本の未来を変えるために。子供たちが「早く大人になって働きたい！」と目を輝かせる姿を夢見て、この本を作りました。

著者

鴨頭 嘉人
(かもがしら よしひと)

高校卒業後、東京に引越し19歳で日本マクドナルド株式会社にアルバイトとして入社。4年間アルバイトを経験した後、23歳で正社員に、30歳で店長に昇進。32歳の時にはマクドナルド3,300店舗中、お客様満足度日本一・従業員満足度日本一・セールス伸び率日本一を獲得し最優秀店長として表彰される。その後も 最優秀コンサルタント・米国プレジデントアワード・米国サークルオブエクセレンスと国内のみならず世界の全マクドナルド表彰を受けるなどの功績を残す。

2010年に独立起業し株式会社ハッピーマイレージカンパニー設立 (現:株式会社東京カモガシラランド)。

2013年4月、伝わるコミュニケーションスキル・伝えるスピーチスキルを身につける「話し方の学校」を設立。現在5,000名以上に『目的が達成できる伝達力』を教えている。

人材育成・マネジメント・リーダーシップ・顧客満足・セールス獲得・話し方についての講演・研修を行っている日本一熱い想いを伝える炎の講演家として活躍する傍ら、株式会社3社の経営とNPO法人1社の経営、出版社とクラウドファンディング社も運営。著者としてもリーダー・経営者向け書籍を中心に11冊 (海外2冊) の書籍を出版する作家としても活躍。さらには「良い情報を撒き散らす」社会変革のリーダーとして毎日発信しているYouTubeの映像は1日10万時間以上再生され、総再生回数は7,000万回を超す、日本一のYouTube講演家として世界を変えている。

また、ビジネス以外でも様々な活動を展開。世の中のサービスパーソンを元気にする活動『ハッピーマイレージ』の創始者。働く人の輝きを発信する活動『私は自分の仕事が大好き大賞』の理事長を務める。

・公式HP　　　　　　　　　　https://kamogashira.com/
・YouTube専用チャンネル　　http://bit.ly/kamohappy
・Twitterページ　　　　　　　https://twitter.com/kamohappy
・週一メルマガ【鴨め〜る】　　http://bit.ly/kamogashira

イラスト

かさはら りさ

神奈川県生まれ。イラストレーター・物作り作家。
幼少より絵を描くのが好きで続けてきたが、社会人として忙しく日々を送るなかで次第に描かなくなる。
仕事やプライベートで悩んだり体調を崩し退職したことをきっかけに人生を見直す。
自分が絵を描き表現するのが好きだったことを思い出し、生活で感じた小さなことをイラストで発信し始める。
現在イラストや絵本の他、紙や布など様々な素材を使って創作活動中。

・メールアドレス　risa.mo@gmail.com

自己肯定力
そんなことで私の価値は変わらない

2019年7月19日　初版発行

著 者　　鴨頭 嘉人

イラスト　かさはら りさ

発行者　　鴨頭 嘉人

発行所　　かも出版
〒170-0013　東京都豊島区東池袋 3-2-4 共永ビル7階
電　話：03-6912-8383　FAX：03-6745-9418
e-mail：info@kamogashira.com
ウェブサイト：http://kamogashira.com/

発売　サンクチュアリ出版
〒113-0023　東京都文京区向丘 2-14-9
電話：03-5834-2507　FAX：03-5834-2508

デザイン　小山 悠太（koyama@einband.net）

印刷・製本　株式会社 シナノパブリッシングプレス

無断転載・転写を禁じます。落丁・乱丁の場合はお取り替えいたします。
© Yoshihito Kamogashira 2019 Printed in Japan
ISBN978-4-86113-850-8